POURQUOI
SOMBRONS-NOUS
SI SOUVENT
DANS
LA DÉMESURE ?

Jacques Grand'Maison

POURQUOI SOMBRONS-NOUS SI SOUVENT DANS LA DÉMESURE?

ÉDITIONS FIDES • *Montréal*

Programme d'études sur le Québec
UNIVERSITÉ McGILL • *Montréal*

Cette conférence, qui fait partie des «Grandes Conférences Desjardins», a été prononcée le 13 mars 2002 à l'Université McGill à Montréal, dans le cadre des activités du Programme d'études sur le Québec de l'Université McGill.

Données de catalogage avant publication (Canada)
Grand'Maison, Jacques
Pourquoi sombrons-nous si souvent dans la démesure?
(Les grandes conférences)

ISBN 2-7621-2454-9

1. Civilisation moderne et contemporaine.   2. Modération.
3. Limite (Logique). 4. Conscience. 5. Jugement.
I. McGill University. Programme d'études sur le Québec.
II. Titre. III. Collection.

CB430.G72 2002   909.82   C2002-940683-8

Dépôt légal: 2ᵉ trimestre 2002
Bibliothèque nationale du Québec
© Éditions Fides, 2002

Les Éditions Fides remercient le ministère du Patrimoine canadien du soutien qui leur est accordé dans le cadre du Programme d'aide au développement de l'industrie de l'édition. Les Éditions Fides remercient également le Conseil des Arts du Canada et la Société de développement des entreprises culturelles du Québec (SODEC). Les Éditions Fides bénéficient du Programme de crédit d'impôt pour l'édition de livres du Gouvernement du Québec, géré par la SODEC.

IMPRIMÉ AU CANADA

Jacques GRAND'MAISON est professeur émérite de l'Université de Montréal. Il est théologien et sociologue. Il a été directeur de plusieurs projets sociaux et d'équipes de recherche depuis cinquante ans. Il a publié une quarantaine d'ouvrages. Les derniers ont fait état de ses recherches sur les quatre générations contemporaines et sur les orientations socioculturelles dans six régions du Québec.

POURQUOI SOMBRONS-NOUS
SI SOUVENT DANS LA DÉMESURE ?

Cette question se situe dans le prolongement de mes deux derniers ouvrages qui portaient sur la conscience et le jugement. Deux références cruciales de la spécificité humaine. Celles-ci concernent une dialectique anthropologique fondamentale : le sens de la mesure et de la limite, d'une part, et, d'autre part, cette béance qui ouvre sur la transcendance, sur le dépassement, sur des horizons autres que nos calculs et nos raisons. Béance à la source de nos sauts qualitatifs de civilisation, mais aussi de barbaries sans limites dont le totalitarisme et le militarisme effréné sont deux figures emblématiques d'une douloureuse actualité historique.

Il y a là une clé de compréhension sérieuse pour réfléchir sur le sens de ce qui nous arrive, non seulement en termes de démarche critique, mais aussi d'exploration d'issues possibles.

Derrière ce qui se défait, d'autres pousses de vie et de sens surgissent. Ce pari, je le tiens tout autant d'une conception humaniste que de ma tradition spirituelle. Il sera donc question aussi des nouvelles forces de rebondissement déjà en gestation au meilleur de notre modernité, sans compter celles des riches héritages historiques du patrimoine humain.

Depuis deux siècles, les idéologies dominantes ont été surtout inspirées par une lecture matérialiste de l'histoire et des enjeux contemporains. N'y a-t-il pas place aussi pour une autre lecture qui relève de nos profondeurs morales et spirituelles ? Un certain positivisme fort répandu a fait peser sur ce genre de démarche un interdit, un tabou rarement reconnu comme tel, et cela même dans les sciences dites humaines. Nous verrons comment on ne peut plus refouler, contourner ou écarter un tel questionnement qui nous renvoie aux couches les plus denses de la conscience et de l'intelligence de l'humanité. Même l'histoire de la philosophie et les riches patrimoines reçus deviennent, en grande partie, inaccessibles, sans cette culture véhiculée par les grandes traditions spirituelles. La question que je soumets à notre réflexion a beaucoup à voir avec cette problématique de départ, fût-ce l'enjeu majeur de contrer une certaine logique de mort qui hante la conscience contemporaine. Notre civilisation, la plus prestigieuse de l'histoire, ne fait pas seulement face à la barbarie des autres, mais à ses propres démesures de plus en plus incontrôlables. D'où la tentation de désespérer de l'humanité. Nos hauts taux de suicide n'en sont que la pointe de l'iceberg. Un certain courant nihiliste multiforme envahit l'Occident. L'effondrement du World Trade Center, « centre du monde » en français, nous rappelle l'événement historique du *Titanic* : ce bateau riche, triomphant, orgueilleusement perçu comme insubmersible, où l'on jouit et s'amuse dans la plus totale inconscience de la finitude humaine, aveugle aux menaces qui l'entourent, aux leçons de l'histoire, et à la mortalité des civilisations évoquée par les grands récits, les grands mythes culturels et religieux. Bref, l'homme qui se fait Dieu.

Bien avant ce 11 septembre 2001, la civilisation occidentale voguait sur trois promesses paradisiaques qui ont atteint leur sommet au cours des fameuses trente glorieuses, à savoir une croissance économique sans limites, un développement social sans limites, une libéralisation des mœurs sans limites. Trois certitudes : on pouvait tout prévoir, tout faire, tout se permettre. Nos idéologies capitalistes, socialistes, néo-nationalistes ou même contre-culturelles participaient de la même démesure. Adieu l'histoire et ses leçons de finitude.

Après le court moment politique de construction de l'avenir, on est passé à la jouissance maximale du présent. Partis à la conquête d'une société radicalement nouvelle, nous avons évolué vers la quête éperdue de nous-mêmes dans une culture de plus en plus narcissique, saturée de nouvelles modes pop-psychologiques et même religieuses. Bref, on ne cessait de sombrer dans la démesure, y compris dans cette nouvelle mode nihiliste qui a suivi les déceptions malheureuses de nos idéologies triomphantes et la crise du politique qui les véhiculait.

Nous avons la mémoire courte. Souvenez-vous de cette époque et de son chant thématique :

> C'est le début d'un temps nouveau
> La terre est à l'année zéro
> La moitié des gens n'ont pas trente ans
> Les femmes font l'amour librement
> Les hommes ne travaillent presque plus
> Le bonheur est la seule vertu

L'histoire et la mémoire liquidées, le paradis terrestre est à notre portée, et le bonheur infini est à nos pieds.

Et nous voilà maintenant face à de nouvelles évidences de la finitude humaine, face à l'impératif de retrouver le sens de la mesure pour vivre selon nos moyens, reprendre le collier du pas à pas, panser patiemment nos blessures et reconstruire bien des choses qui se sont effondrées. On ne tombe pas d'aussi haut sans être gravement sonnés.

Certes, nous ne sommes pas au *ground zero*. Nous ne sommes pas une société du tiers monde. Nous ne manquons pas d'atouts, de ressources de tous ordres. « Mais il y a quelque chose de cassé au fond de nous-mêmes et de la société, quelque chose qu'on n'arrive pas à identifier, à comprendre, à assumer. » C'est ce que nous ont dit plusieurs de nos interviewés de divers groupes d'âge et de milieux sociaux dans le cadre de la recherche que je dirige depuis 13 ans sur les orientations culturelles, sociales, morales et spirituelles dans la population de six régions du Québec.

Voilà ce qui m'a amené à opter pour le sujet que je propose dans cet exposé. Pour explorer le sens de ce qui nous arrive, nous avons besoin de prendre un peu plus de distance et d'altitude. C'est l'abc de la démarche non seulement de la philosophie, mais aussi de la conscience spécifiquement humaine et de l'exercice du jugement. Je l'ai fait d'abord dans mes deux derniers ouvrages : *Au nom de la conscience, une volée de bois vert* et *Quand le jugement fout le camp*. Aujourd'hui je veux pousser un peu plus loin cette réflexion autour de la question : Pourquoi sombrons-nous si souvent dans la démesure ?

UNE PREMIÈRE
PROBLÉMATIQUE DE BASE

Disons au point de départ que cette question n'est pas neuve. On la trouve déjà dans deux souches importantes de notre civilisation : la philosophie et la tragédie grecques et la Bible.

La souche grecque

L'évolution de la tragédie grecque d'Eschyle à Euripide en passant par Sophocle marque un déplacement aussi fascinant qu'éclairant de la conscience humaine. Chez Eschyle, les phénomènes de démesure sont attribués aux dieux et à leurs conflits. Sophocle et davantage Euripide logent la démesure dans la conscience, dans la difficulté de comprendre et de gérer la démesure humaine. En cela, ils sont d'une actualité historique brûlante. Mais n'anticipons pas trop vite. Sophocle est encore tributaire du vieux fond fataliste de la Moira grecque. Euripide nous amène davantage à la conscience libre et responsable où se joue la dialectique entre la finitude humaine et son ouverture à la fois tragique et dynamique sur l'illimité dans le mal comme dans le bien.

Euripide était un ami de Socrate, le prototype du philosophe.

Je suis étonné qu'on ait si peu retenu la position fondamentale de Socrate sur l'être humain, comme esprit qui sait mesurer, évaluer, jauger le sens des êtres et des choses. Il s'agit ici de l'être humain à son meilleur. « Être philosophe, disait Socrate, ne consiste pas à savoir beaucoup de choses, mais à être tempérant. » Nos utopies et débats autour de l'éducation gagneraient à revisiter Socrate. Le grand mathématicien René Thom disait récemment que les problèmes cruciaux de notre temps sont d'ordre philosophique, et c'est peut-être là où nous sommes le plus pauvres. Même le philosophe de la démesure qu'est Nietzsche tenait des propos fort pertinents sur le sens de la mesure. Dans un texte magnifique, « Le voyageur et son ombre », Nietzsche soutient que, dans l'évolution de l'univers, de la vie et de la conscience, l'humanisation s'est produite lorsque ont émergé des êtres capables de mesurer, d'évaluer, de marquer des limites, des balises, des repères, et aussi de contenir la violence illimitée dont l'homme est capable.

Dans quelle mesure a-t-on perdu de vue aujourd'hui ce que l'histoire et l'anthropologie culturelle nous enseignent sur le rôle fondateur, libérateur, civilisateur de l'interdit dans la construction de la conscience et de la société humaine ? L'interdit de l'inceste, par exemple, a permis à des clans en guerre perpétuelle de commencer à sortir de la violence grâce à des alliances matrimoniales interclaniques. Il y a là une « économie humaine » de base à la fois sacrale, morale et sociale. Trois composantes qui se renforcent mutuellement tout en se limitant l'une l'autre. Le sacré marque un respect radical de la limite à ne pas franchir. La morale en précise le sens normatif, la composante sociale définit ce qui est viable socialement. Le droit et ses codes sont nés de cette matrice première. Séparées, ces trois dimensions se prêtent à des effets pervers. Le terroriste Ben Laden se donne une légitimation sacrale. Mais le sacré est fou et aveugle sans vis-à-vis éthique critique, autocritique. De même, une morale livrée à sa seule logique peut devenir opprimante si elle ne se situe pas dans ce qui est viable pour la société, le vivre ensemble et des rapports humains sensés. La socialité sans respect sacré de la limite, sans normativité peut aussi générer des effets pervers du genre « tout le monde le fait, fais-le donc », ou bien des comportements libertaires et permissifs sans balises ni limites qui sont incapables de supporter la moindre contrainte, tout lien qui oblige, toute règle commune de vie ensemble.

Voyez comment depuis Mai 68, particulièrement, on a opposé bêtement interdit et liberté sans se rendre compte que l'un sans l'autre, on ne sait plus comment se sont construits historiquement la conscience, la société humaine et le meilleur de ce qu'on appelle la civilisation. L'«économie humaine» ternaire que je viens d'évoquer offre un éclairage précieux sur une foule de problèmes actuels psychologiques, sociaux, culturels, politiques et religieux jusque dans les éclatements intérieurs, psychiques, les pratiques éducatives «toutes croches», et la pauvreté de la pratique démocratique où l'on se demande si peu quelle sorte de citoyen l'on est soi-même. Boukovski dans *Cette lancinante douleur de la liberté* (Laffont, 1981), formule une critique caustique que je résume ainsi:

Moi qui ai vécu dans l'enfer d'un régime totalitaire et qui étais si heureux de venir dans ledit monde libre, je me rends compte que, chez l'occidental, ce sont toujours les autres qui sont responsables. Étrange liberté qu'il veut sans limites, légitimée par son droit individuel absolu; liberté ennoblie, drapée d'un esprit égalitariste inconscient de sa négation pratique de l'altérité. C'est peut-être là sa contradiction la plus aveugle qui la fait sombrer dans une culture narcissique de la démesure.

Ces propos de Boukovski nous renvoient au fameux roman de Kafka, *Le procès*. Apparemment l'auteur met en scène deux logiques irréconciliables: d'une part, un droit affirmé d'une façon absolue et, d'autre part, la loi c'est la loi, point à la ligne. Mais le vrai drame qui sous-tend ce cul-de-sac, c'est celui de Joseph K., le requérant. Sa conscience informe, illimitée est incapable de nommer, de situer, de circonscrire, de fonder son droit dans le réel et ses limites. Et il s'invente un interlocuteur qui écrase son droit absolu par une loi aussi aveugle que lui. La porte fermée du Palais de justice est en fait sa propre prison sans issue. Son solipsisme le fait tourner indéfiniment sur lui-même. Version moderne du mythe prométhéen de Sisyphe.

La souche biblique

J'ai évoqué d'entrée de jeu cette autre source qui est la Bible. Celle-ci, dès les premières pages, évoque la question de la démesure humaine dans les mythes de Babel et du Déluge. Elle en traite d'une autre façon et dans une perspective de défatalisation. Elle met d'abord de l'avant la dialectique de l'ordre et du chaos. En cela, elle est aussi d'une brûlante actualité. Encore ici, l'anthropologie confirme l'intuition biblique, à savoir cette peur très profonde de retomber dans le chaos qui hante la conscience humaine et les sociétés depuis le plus lointain des âges. Les eaux primordiales au début du récit de la Création, et par la suite dans le mythe du Déluge, tiennent d'un archétype de l'imaginaire symbolique humain, à savoir : un infini magma qui engloutit tout, qui fait tout s'effondrer, y compris le centre du monde (The World Trade Center).

Contrairement au fatalisme, à la Moira grecque, la Bible affirme la responsabilité humaine de faire de l'ordre dans le chaos originel, primitif. Le verbe hébreu *radah* est très fort pour exprimer cette mission de l'homme que plus tard on pensera en termes de civilisation. Babel symbolisera la tentation de diviniser, de sacraliser cet ordre, de lui donner une démesure qui le contredit, de l'ériger en un illusoire paradis terrestre. Un peu comme la London Life et sa promesse d'une retraite heureuse sur une plage de Floride pour une jeune cinquantaine éternelle. Mythe paradisiaque sans mort, sans souffrance, sans finitude. À travers le mythe du péché originel, la Bible rappelle cette finitude, et sa béance abyssale qui déborde ce que la raison humaine définit comme bien et comme mal. Mais cette béance est aussi une brèche pour d'autres possibles de liberté et de dépassement ouverts sur une espérance et un salut, qui ne sont pas l'œuvre exclusive d'un Dieu créateur et sauveur, puisque dès le départ sont affirmées la responsabilité et la mission humaines fondamentales et leur capacité de créer un ordre qui surmonte le chaos.

L'intendance de l'homme individuel et collectif le fait coopérateur de Dieu. Plus tard, les croyants bibliques se sont déplacés vers un renversement de cette vision première pour découvrir que c'est Dieu qui s'est fait coopérateur de l'être humain. En effet les premiers croyants bibliques pensaient que la terre était un radeau constamment menacé de verser et de sombrer dans l'abîme océanique. Progressivement, ils ont compris que le monde se tenait par lui-même, que l'être humain était un sujet libre, responsable, interprète et décideur dans la vie comme dans la foi, fait semblable à Dieu qui lui offre une alliance libre. En fait, les premières pages de la Bible ont été parmi les dernières à être écrites. Elles marquent tout autant la transcendance humaine que celle de Dieu. Une transcendance inscrite au-dedans de la finitude humaine et son ouverture au dépassement, mais aussi à de possibles perversions démesurées. Mais cette brèche a permis à la conscience individuelle et collective de faire histoire et civilisation, de développer science et technique, de faire sens même là où il n'y en a pas et de sans cesse croire et espérer en l'humanité. De bout en bout de la tradition judéo-chrétienne jusque dans son horizon de l'au-delà de la vie, la foi en Dieu a cette caractéristique de ne jamais sortir l'être humain de sa propre condition fondamentale. Nous ne sommes pas des dieux.

Dans le Nouveau Testament de Jésus-Christ, cette transcendance se loge d'abord dans le sort des tiers qui n'ont que leur humanité à mettre dans la balance des rapports de force entre les tenants de l'avoir, du pouvoir et du savoir. Le sort des tiers est le test décisif de l'humanité d'une société et du monde. Aux yeux du Dieu de Jésus de Nazareth, ce n'est pas d'abord la religion qui démarque les êtres, mais leur humanité ou leur inhumanité. La mesure humaine est le sort des plus petits, des plus fragiles. Nous oublions si souvent que la majorité des êtres humains sur la planète, encore actuellement, sont des enfants. Nous sommes divisés politiquement, religieusement. Ne nous reste-t-il comme base commune humaine concrète que le sort de ceux-ci? Ne sont-ils pas le premier tremplin de dépassement pour la majorité des adultes de la planète?

Cette problématique que je tire des deux souches principales de notre civilisation constitue le cadre de compréhension de l'analyse que je propose dans la suite de cet exposé.

L'ENJEU CRUCIAL
DE LA REFONDATION

J'ai fait le pari de cette problématique centrale sur les fondements de notre civilisation parce qu'on est de plus en plus conscient d'une requête cruciale que des philosophes qualifient en termes de refondation. Cette nouvelle conscience, nous l'avons trouvée chez les citoyens eux-mêmes, chez le monde ordinaire selon l'expression populaire. Dans la recherche que j'ai évoquée plus haut, beaucoup de nos interviewés ont tenu des propos en ce sens. Dans des termes très simples, ils nous ont laissé entendre ceci :

> Même des valeurs inestimables comme la liberté, l'amour, la justice peuvent être mal vécues et se prêter à des travers de tous ordres. Quels sont les

fondements de tout ça? Tant de choses ont perdu leur fondation, même la famille, l'école, la politique, la religion, la morale et quoi encore, comme si tout se dérobait sous nos pieds. On ne comprend plus ce qui se passe, on se sent impuissant. Y a-t-il un seul problème important qu'on ait réussi à résoudre au cours des dernières années? On dépense des sommes fabuleuses pour réparer des pots cassés. On ne sait plus résoudre les problèmes entre gens concernés. On les renvoie à des intermédiaires dits experts, des commissions d'enquête qui traînent en longueur... Drôle de démocratie! Parfois on agit comme s'il fallait un Boeing pour traverser la rue. On fait sans cesse dans le gigantisme, dans le « compliqué », même pour la gestion des choses les plus simples. Les conventions collectives sont grosses comme des bottins de téléphone. Seuls les avocats s'y retrouvent... et encore! La bureaucratie s'alourdit en dépit de toutes les coupes qu'on fait. Les compagnies s'amalgament au nom de l'efficacité, de la productivité, de la compétition, et il semble qu'elles font pire par la suite. C'est de plus en plus gros, lourd, démesuré. Des grandes affaires en hauteur sur des bases peu solides, peu profondes. Cul par-dessus tête. Il est temps plus que jamais de revoir, de repenser, de refaire nos fondations et de retrouver le sens de la mesure[1].

1. Résumé d'entrevues de groupes dans le cadre de la recherche précitée.

C'est le genre de propos qui m'a amené à écrire mes deux derniers ouvrages : *Quand le jugement fout le camp* et *Au nom de la conscience, une volée de bois vert*. Ce sont là deux assises spécifiquement humaines de la personne, de la société, de la démocratie et de l'éducation que les Grecs de jadis appelaient « civilisation ». Heidegger définissait la conscience comme « ce qui vient du plus intime de soi et en même temps me dépasse », m'élève et me fonde, me limite et m'ouvre paradoxalement à plus grand, à d'autres horizons de sens, à d'autres possibles.

C'est donc déjà dans les profondeurs morales et spirituelles de notre humanité que se loge la question qui fait l'objet de mon exposé. Depuis deux siècles, les idéologies dominantes relevaient d'une lecture matérialiste de l'histoire, de l'actualité et de l'avenir. Une lecture qui a sa part de vérité. Ici, je fais le pari d'une lecture spirituelle. J'entends ici ce spirituel qui se loge d'abord dans les couches les plus denses de la conscience, là où l'on trouve les ressorts les plus décisifs de rebondissement. Comment ne pas tenir compte du fait que souvent les sauts qualitatifs de civilisation ont été d'abord tributaires de la gestation d'une nouvelle conscience ? Dans l'histoire, des individus, des groupes, des peuples ont su passer au travers de rudes épreuves, et parfois de tragiques destructions, grâce à leur fort tonus moral de conscience. N'y a-t-il pas aujourd'hui, en émergence planétaire, une nouvelle conscience qui se dresse pour refuser que les êtres humains soient de simples rouages de la machine économique, d'un système techno-bureaucratique, de pouvoirs politique ou religieux, ou scientifique qui instrumentalisent les hommes? Bref, une nouvelle conscience qui réaffirme que l'être humain vaut par lui-même et pour lui-même?

Je termine un mandat, comme citoyen bénévole, dans la régie régionale de mon coin de pays. Lieu où rebondissent tous les problèmes sociaux. Pendant quatre ans, dans le groupe de professionnels et de technocrates où j'œuvrais, on n'a pas accordé deux heures pour réfléchir sur le sens de ce que nous faisions, fût-ce pour nous arrêter à ce qui se passe dans la conscience, l'expérience et la réception de ceux qui sont l'objet de nos interventions. Pour reprendre une expression d'Habermas, j'étais coincé dans «un système dont l'idéologie est son fonctionnement». À un moment donné, une femme psychiatre de notre groupe a lancé ce cri: «Je suis enterrée de problèmes de plus en plus nombreux, profonds et lourds chez des gens de plus en plus confus intérieurement et socialement. Y a-t-il un lieu, un temps quelque part pour réfléchir sur le contexte de démesure dans lequel nous sommes tous plongés?» Son intervention est tombée comme un pavé dans la mare.

On ne peut relever le gant d'une telle interpellation avec une pensée superficielle et sans une solide et judicieuse philosophie sociale, éthique et spirituelle. Même nos universités, disait récemment Michel Freitag, forment surtout des technologues de crises avec une raison instrumentale sans profondeur historique, culturelle et philosophique. Moi aussi, je nous trouve pauvres aussi bien au plan de la culture religieuse. C'est ici un appel que je nous fais respectueusement, et non une condamnation. Il y a bien des formes d'analphabétisme. Celle-ci est aussi tragique que les autres. Au soir de ma vie, c'est là une de mes plus grandes peines, qui n'a rien d'une quelconque nostalgie passéiste, moralisatrice ou confessionnelle. L'âpreté et la profondeur des problèmes et des défis auxquels nous sommes confrontés localement et planétairement appellent en nous-mêmes une meilleure prise sur les sources et ressources de l'âme humaine, sur des horizons de sens mieux déchiffrés.

Ce qui m'amène à pousser plus loin la réflexion que je vous propose dans la foulée du sujet de notre rencontre.

DES DUALITÉS À REVISITER

Parmi toutes les dualités anthropologiques, il y en a quelques-unes très importantes sur lesquelles on s'arrête trop peu. Par exemple, celles de la finitude et de la démesure humaines, de l'ordre et du chaos, de l'interdit et de la liberté, de la transcendance et de l'immanence. Elles sont pourtant d'une actualité brûlante, bien avant, pendant et après l'événement historique du 11 septembre 2001. Ces quatre dualités trop sous-estimées sont intimement reliées l'une à l'autre. Elles sont inscrites dans les plus profondes couches de la conscience humaine. Elles jouent un rôle crucial dans la construction de la société humaine, des origines jusqu'à aujourd'hui. Elles tiennent des fondements critiques philosophiques de la pensée, de la culture, de la religion, de l'éthique et du droit. Elles sont souvent occultées dans les débats idéologiques et politiques, dans les sciences et la technologie, dans nos sociétés thérapeutiques sursaturées de modes psychologiques primaires, peu critiques de leur pauvreté de fondements. Mais elles marquent aussi des issues, des possibilités de dépassement, des horizons de sens inspirants.

Redisons-le : ces quatre dualités occupent une place majeure dans les grands récits et mythes qui ont jalonné l'histoire humaine connue. Nous en avons besoin pour comprendre ce qui nous arrive, si tant est qu'on les soumette à un nouvel examen peut-être plus nécessaire que jamais. Justement parce que notre civilisation a développé des démesures inédites et de divers ordres que nos prédécesseurs n'ont ni connues ni vécues. Démesures des moyens de destruction ; démesures des nouveaux possibles scientifiques et technologiques ; démesures de la nouvelle économie qu'on a peine à gérer, à réguler, à rendre plus juste ; démesures de la vitesse des échanges, des flux de l'information et de la finance ; démesures des mégalopoles d'extension indéfinie, comme un magma sans dedans ni dehors, d'une fluidité sans finalités ; démesures d'un néo-narcissisme qui hypertrophie l'image de soi, les idoles du *star system*, les aspirations, les désirs, les excès, les situations-limites, les médiatisations intempestives. Voyez comment les médias et la population sombrent souvent dans la démesure, par exemple, lors du suicide de certaines vedettes.

Avec des discours dithyrambiques qui parfois «frisent» le *glorifying suicide*. Et cela sans se demander comment cette sublimation est reçue par le jeune adolescent suicidaire qui doit apprendre à inscrire dans les limites du réel sa liberté qu'il veut, par ailleurs, sans limites. Sans se demander aussi pourquoi notre société résiste si mal au suicide. D'où vient donc cet univers intérieur indifférencié où alternent un illusoire sentiment de toute-puissance exalté par les modes pop-psychologiques actuelles et un sentiment d'impuissance, de frustration devant les limites et les contraintes du réel? Cet univers intérieur de soi à soi est sans médiation ni distanciation. Cet univers intérieur est hanté par le mythe paradisiaque qui nie ou occulte la souffrance et la mort. J'ai longuement abordé cette question dans le deuxième chapitre de mon ouvrage sur le jugement.

LES ENJEUX DE LONG TERME

Mais ce que je veux surtout retenir ici tient de certains enjeux cruciaux de société en relation avec la question de la démesure, non pas seulement sous un mode critique, mais aussi dans une recherche d'issue positive et prometteuse. À tort ou à raison, je rattache prioritairement les enjeux à notre rapport au temps. Une question m'habite depuis un bon moment. Est-il encore possible de penser à long terme? Voyons d'abord le versant critique. « Quelque chose s'est déréglée dans le rapport au temps, à la durée, à l'avenir[2]. »

Dans l'univers médiatique du ponctuel, de l'événementiel, les faits divers se repoussent l'un l'autre. La politique au jour le jour suit le tintamarre quotidien.

2. Jean-Claude GUILLEBAUD, *La refondation du monde*, Paris, Éditions du Seuil, 1999, p. 92.

L'économie triomphante du court terme et du profit boursier immédiat vient de prendre un joli coup de vieux. La culture narcissique et consumériste du tout, tout de suite, rétrécit de plus en plus la conscience, le jugement, la mémoire et l'horizon de l'avenir. L'écroulement silencieux des structures de la temporalité, des représentations du lendemain n'est pas étranger à la confusion intérieure de bien des gens. «Ce trouble atteint des catégories très profondes de la conscience contemporaine.» (Emmanuel Levinas)

Ce qui fait le plus difficulté tient de la durée: la nature, les rapports humains, l'éducation, la natalité, le vieillissement, les infrastructures, les valeurs de persévérance, de continuité, de suivi, de socle durable. Le philosophe Nietzsche disait qu'il n'y a pas d'espérance sans fondation solide.

Heureusement, on commence à se soucier de refondation, pour sortir des utopies dites postmodernes qui exaltaient l'ère de l'éphémère, de la mode, de la remise constante des compteurs à zéro, de la création *ex nihilo*.

À tort ou à raison, je rattache cette nouvelle conscience au meilleur de notre modernité. À ce nouvel art de vivre qui s'est déployé au cours des dernières décennies sous différentes formes: revalorisation des assises de la vie, du corps, de l'affectivité, de la subjectivité, de la volonté personnelle d'engager sa propre histoire, du souci des droits fondamentaux, du digne refus d'être un simple rouage du système économique. On se rend compte aujourd'hui d'une autre tâche majeure : celle de mieux inscrire ces nouveaux dynamismes dans le temps.

Mais là où le bât blesse, c'est au chapitre des comportements collectifs qui contredisent cette dynamique d'autodétermination individuelle, de refondation et d'inscription dans le temps. Un des exemples les plus graves de cette contradiction, on le trouve dans les héritages sociétaires qu'on est en train de léguer aux générations futures, y compris à la génération montante.

L'ÉQUITÉ INTERGÉNÉRATIONNELLE

Dans la perspective de long terme que je privilégie dans cet exposé, je pense que les enjeux d'équité intergénérationnelle sont un test de vérité pour l'ensemble de notre société et de sa population, et cela à plusieurs titres.

La référence générationnelle est un des rares repères qui nous situent dans le temps. Elle conjugue la mémoire, le présent et l'avenir. Elle est un des rares liens sociaux durables. Elle touche nos fibres humaines les plus sensibles, elle nous incite à dépasser cette grille de lecture historique, sinon ce constat : à savoir la société traditionnelle tournée vers le passé, la modernité vers l'avenir, et la postmodernité vers le présent. Ce schéma simpliste me révulse quand on l'érige en feuille de route obligée. Peut-il y avoir une véritable expérience humaine sans l'incessante recomposition critique et dynamique des patrimoines reçus, des prises sur le présent et des soucis de construire l'avenir? C'est l'abc de la philosophie, l'abc de la conscience historique, l'abc de l'anthropologie, de la psychanalyse et aussi du sens commun.

S'agit-il de politique, comment nier que pratiquement tous les enjeux actuels ont des réfractions intergénérationnelles: les choix collectifs, les politiques sociales et de santé, l'éducation, le monde du travail, la pauvreté, la fiscalité, les énormes dettes publiques qu'on ne cesse de reporter aux générations qui nous suivent.

Comme consultant, j'ai eu à évaluer récemment plusieurs dossiers de recherche qui portaient sur l'équité intergénérationnelle. Dans ces dossiers, toute l'attention était portée sur les aînés et le vieillissement. À peine quelques petits paragraphes sur les jeunes, avec des propos du genre: «Ils sont et seront moins nombreux, ils coûteront moins cher.» Fi des études actuarielles qui évoquent la possibilité que les prochaines générations, y compris la jeune génération d'aujourd'hui, pourraient bien, dans la foulée des politiques actuelles, devoir payer proportionnellement deux fois plus de taxes, d'impôts et de cotisations. Nous sommes dans un nouveau contexte historique marqué de plusieurs renversements. Pour la première fois depuis 50 ans, une large cohorte de la génération montante connaît et vit une mobilité sociale descendante. Ma génération et celle des baby boomers, massivement, ont eu des conditions meilleures que celles de la génération qui les précédait. Soulignons aussi un autre renversement de situation. Le vecteur principal de la révolution tranquille était tourné vers l'avenir de l'immense génération du baby-boom. Aujourd'hui, les investissements majeurs sont faits en fonction du maintien des acquis et des requêtes à court terme du vieillissement.

Une des chausse-trappes d'une société vieillissante est de jouer des cartes de court terme. À 65-70 ou 80 ans, on n'a pas beaucoup d'intérêt pour des investissements de long terme. Voyons cela en termes de *realpolitik*. À ce chapitre, l'Europe nous a précédés. La moyenne d'âge des électeurs correspond à l'âge de la prise effective de la retraite. Le poids démographique et politique de la génération des aînés va même dépasser celui de la génération montante avec l'arrivée à la retraite de la plus grosse génération, les baby-boomers.

À cela s'ajoute l'autre tendance que j'ai déjà évoquée. Depuis un bon moment, tout se joue à court terme pratiquement dans tous les domaines : l'économie et la politique, les débats, les combats, les revendications, les intérêts, les pratiques de consommation, le crédit et tant d'autres choses sont livrés à des calculs immédiatistes. Même les styles de vie et les rapports humains !

La génération montante et les générations qui nous suivent risquent d'être marginalisées dans les enjeux du présent, même si on prétend le contraire.

Nous avons la mémoire courte. Aurions-nous déjà oublié que c'est durant la période d'une relative prospérité que nous avons contracté une énorme dette publique ? On se disait que la croissance économique allait régler ce problème facilement. Déjà dans les années 1950, Colin Clark prédisait une croissance économique sans limites, jalonnée de courtes récessions. Cette croissance allait effacer rapidement les dettes. Allons-y gaiement ! Bref, le paradis terrestre à l'horizon. J'entends le même discours depuis 50 ans. Aujourd'hui, économistes, patronat, syndicats et ministres partagent ce consensus. « La grosse dette publique va se payer toute seule », disait un ministre québécois. Fût-ce à titre d'hypothèse, toute éventualité de cassure de ce mythe paradisiaque est niée, refoulée, occultée. Peu importent les signes avant-coureurs déjà présents dans notre actualité historique. Par exemple, la croissance exponentielle des dépenses de santé, des nouvelles exigences d'une longue scolarisation, des corrections fort coûteuses de problèmes environnementaux très graves, de réfections de plusieurs infrastructures délabrées. Et que dire des nombreux problèmes sociaux dont on a plein les bras : pauvreté, logement social, centres de jeunesse, suicides, drogues. Redisons-le : nous consacrons des sommes fabuleuses pour réparer des pots cassés. Croire qu'une croissance économique illimitée sûre et certaine va tout régler cela tient d'une pensée magique.

DES NOUVEAUX CHOIX
COLLECTIFS DOULOUREUX

À vrai dire, durant la période de prospérité nous n'avons pas fait de choix : un besoin, un service, peu importe les coûts. Aujourd'hui, nous faisons face à des choix collectifs douloureux et exigeants. À partir de qui et de quoi les fera-t-on ? De quelle justice sociale ? De quels intérêts ? De quel souci de l'avenir ? Où se loge-t-il, le poids politique ? Sera-ce une bataille d'intérêts immédiats entre les plus forts, les mieux organisés ? Bien sûr, la crise actuelle frappe dans tous les milieux et les groupes d'âge. Mais être éreinté au départ de la vie, c'est être hypothéqué pour longtemps. J'entends des fins fins qui opposent le repère des classes sociales aux repères générationnels, sans se rendre compte des recoupements actuels de ces deux références. Une classe sociale de pauvreté est en train de se constituer dans la génération montante. On s'en inquiète, mais les batailles corporatistes continuent de se disputer l'assiette des ressources publiques. Les grosses caisses de retraite sont toutes à leur recherche de rendement maximal.

Je suis d'une génération qui a connu des conditions avantageuses, peut-être uniques dans l'histoire. Bien sûr, il y a aussi de la pauvreté chez les aînés. Je parle ici de cette large cohorte de «prospères». Ceux-ci sont généreux avec leurs propres enfants et leurs petits-enfants. Mais qu'en est-il des enfants des autres? Et des prochaines générations qui auront à payer notre grosse dette publique contractée au temps de notre propre prospérité? N'avons-nous pas une responsabilité historique collective envers les générations qui nous suivent?

Chez les aînés, la générosité sociale, le bénévolat, le souci des autres se logent dans les milieux modestes. Il y a peu de prospères aînés des secteurs privés et publics engagés socialement et prêts à partager économiquement. J'ai bien hâte de voir comment la plus grosse génération, celle des baby boomers, va se comporter à la retraite, dans les prochains choix politiques.

Je suis effaré par cette conception fort répandue de la retraite comme idéal pressé de décrocher de la société le plus jeune possible. Ça, c'est la pire crise du politique. Je pense à cette vaste cohorte de retraités de 55-75 ans, riches d'expériences et d'expertises, en relative bonne forme et assez bien coussinés matériellement et financièrement.

Combien s'impliquent socialement ? Combien vivent et s'amusent entre eux, pour eux ? *Die Broke.* Après nous le déluge, on s'en fout.

Malheur à celui qui leur souligne leur responsabilité collective historique de contribuer à l'avenir de leur société et des générations qui auront à payer les dettes contractées au temps d'une prospérité dont ils ont largement profité. Ce n'est pas vrai que cette prospérité n'est venue que de nous. Bien d'autres facteurs ont joué. Plusieurs de ceux-ci ne sont plus là ou ne seront plus là. Trop d'indices que j'ai soulignés plus haut nous annoncent des temps difficiles. Nous voyons l'avenir avec les grands mythes d'un progrès assuré. Ça fait notre affaire. On n'a pas à s'y investir. Pourvu que nos propres enfants et petits-enfants s'en tirent avec nos héritages privés.

Il y a là un grave problème politique et éthique refoulé de mille et une façons. Même les grands congrès savants sur le vieillissement de la population se gardent bien d'aborder une pareille question. C'est un tabou, un interdit, non seulement chez nous, mais ailleurs en Occident.

L'histoire du *Titanic* est une formidable métaphore de cette démesure aveugle. Nous sommes insubmersibles. Nous livrons un bateau insubmersible. Amusons-nous. Mais nous rappelons-nous le drame ? Il y avait un bal sur le bateau et plus personne au gouvernail. On n'a pas su voir venir l'iceberg.

Churchill, dans ses mémoires, prévoyait, pressentait un XXIᵉ siècle marqué par une immense onde de choc « entre l'argent et le nombre », le *Titanic* de la prospérité des uns et l'iceberg de la révolte d'une multitude. Une bataille nihiliste de la démesure sous des formes imprévues : terrorisme versus militarisme, non pas seulement dans la poudrière du Moyen-Orient, mais au centre du monde, le *World Trade Center*. Mais nous continuons de penser que la croissance économique va se poursuivre indéfiniment, que les autres vont sûrement en profiter.

La nouvelle conscience en gestation un peu partout est peut-être un signe des temps d'un monde autre possible. Le dernier forum social mondial en est une figure emblématique. Il a marqué un souci pour l'engagement et l'avenir des jeunes qui sont majoritaires sur la planète. Même minoritaires dans nos sociétés occidentales, ils conjuguent l'avenir au présent. Je l'ai dit plus haut, c'est le lieu le plus humain pour rebondir en solidarité, en motivation, en dépassement. Ils sont la mesure humaine qui interpelle nos folles démesures aveugles, titanesques de géants aux pieds d'argile.

Moi je suis un espérant têtu. J'ai parlé beaucoup de long terme dans cet exposé, de lecture spirituelle de ce qui nous arrive et, comme humaniste, de l'importance du sens dans la dynamique humaine.

Quand on est en prise sur le sens de ce qui arrive, de ce que l'on vit, de ce que l'on fait, de ce que l'on croit et espère, on est beaucoup plus en mesure de faire face aux difficultés, problèmes et défis de son parcours, beaucoup plus en mesure d'aller au bout de ce qu'on entreprend. Cela aussi vaut au plan collectif. Cela aussi est l'abc de la philosophie. Le spirituel, l'esprit, le sens, ont la même racine étymologique. Un certain matérialisme aussi bien théorique que pratique nous a trop fait sous-estimer les formidables ressorts spirituels et transcendants de la conscience humaine, les trésors historiques amassés par l'esprit et l'âme, les sauts qualitatifs de civilisation qui ont pris naissance d'abord dans une nouvelle conscience et de nouveaux horizons de sens. La lucidité et le courage d'affronter et de comprendre les problèmes les plus cruciaux nous amènent à aller chercher en nous-mêmes des sources et ressources plus profondes qui seules peuvent générer et soutenir des engagements durables. C'est le pari spirituel que sous-tend cet exposé.

Depuis quelque temps, je chemine avec des praticiens, des chercheurs, des cliniciens qui interviennent auprès des jeunes. Je découvre que les jeunes rebondissent quand ils trouvent un sens éclaireur, libérateur et motivateur. Un sens à leur passage de vie, un sens à leur épreuve, un sens qui ressuscite leur idéal enfoui, et quelquefois un sens à leur révolte porteuse d'une conscience en friche, en quête de lumière et d'ensemencement. Ce qui interroge la qualité de nos profondeurs morales et spirituelles. La pertinence de notre travail est largement tributaire de la qualité de notre philosophie de la vie, de notre finesse d'analyse culturelle, de conscience et d'âme.

On conviendra que ces propos peuvent très bien s'appliquer à tous les champs de pratiques et à tous les niveaux de la société. Comme Malraux, il faut s'insurger contre tout ce qui est ravalé par les raisons les plus basses, dans nos institutions, y compris les médias, la politique ou l'économie. On s'est mis à reparler de transcendance pour dépasser un monde de plus en plus clos dans son immanence comme ces mégapoles sans dedans, ni dehors, ni finalité. Une équipe de l'Unesco qui vient de faire le tour des systèmes d'éducation dans le monde, souligne l'absence de finalité, de contenus de sens dans la plupart des systèmes. Plutôt des objectifs instrumentaux, plutôt une logique procédurale. Étrange dérive au moment où tant de gens sont en train de réviser, de recomposer et de refonder leurs valeurs.

Que répondons-nous à l'enfant qui nous demande : «C'est-y vrai que le monde va craquer avant que je sois grand?» Voilà une profonde question existentielle, morale et spirituelle qui a beaucoup à voir avec l'impact des démesures actuelles dans la conscience native de cet enfant. Preuve que les grands enjeux sont présents dans la vie courante. Tout se passe comme s'il nous fallait reprendre les choses par le fond, à leurs racines. Nietzsche disait que, sans socle intérieur, il n'y a pas d'espérance possible. La prochaine étape appelle une refondation des consciences, tout autant que du politique. Je termine par une métaphore de mon vieux père. Durant la crise des années 1930, un de mes oncles avait ajouté un étage à sa maison pour en tirer un loyer. Il avait utilisé des matériaux neufs. Au bout de deux ou trois ans, la maison s'est mise à travailler, pour reprendre une expression du temps. Mon oncle n'avait pas refait, reconsolidé le premier étage et les fondations, et mon père de commenter : « Tu vois, fiston, c'est ce qu'on a fait. On a ajouté un nouvel étage moderne à la société, mais on a négligé de refaire, de reconsolider ce premier étage et les fondations. Et tout à coup on se rend compte que les plus gros problèmes sont au sol et au sous-sol. Il est temps d'y voir ! »

Ces soucis et défis du long terme sont à inscrire dans les enjeux du présent. Je sais que déjà nous en avons plein les bras. Le sentiment d'impuissance est largement répandu. Pour revamper notre confiance en nous-mêmes et déboucher sur une espérance entreprenante, nous avons besoin de quelques réussites collectives même modestes. Je pense, par exemple, à des institutions de base comme l'école, l'hôpital, la démocratie locale. Mais il y a d'autres enjeux plus profonds trop peu pris en compte.

Comment convaincre des décrocheurs scolaires, si l'idéal déterminant d'un grand nombre d'adultes est une *retraite décrochée de la société et prise le plus vite possible* ? Cet horizon aussi bien existentiel que symbolique est peut-être la figure emblématique d'une crise de société autrement plus grave que celle de la récession économique. Le désintérêt politique a des sources dans notre sous-sol social et dans l'appauvrissement de l'altérité et de l'engagement durable. Sans socle individuel et social dans nos profondeurs morales et spirituelles, on ne peut rebondir. Même nos institutions sociales les plus fondamentales, nous les utilisons trop souvent avec une mentalité de consommateur, de récepteur de services. Faut-il rappeler qu'originellement la conception du citoyen en était une d'acteur, de constructeur de la cité? Nous nous plaignons des gouvernements et de leur lourde bureaucratie. Mais, plus ou moins inconsciemment, nous agissons comme si la société était une grande machine qui devrait fonctionner sans nous. Nous étions peu alertés sur sa fragilité, ses limites, au temps d'une relative prospérité où nous avons contracté d'énormes dettes publiques. Aujourd'hui, l'illusion de ce *Titanic* insubmersible est bien finie.

Heureusement, on peut faire l'histoire autrement. Eh oui, pas à pas. On ne fait pas pousser les plantes en tirant dessus.

Même l'imaginaire et la créativité culturelle, le désir et le rêve ne peuvent se passer de ces humbles cheminements dans le réel et du patient désenfouissement de ses veines cachées tenues en réserve pour nos nouvelles soifs. Et que dire de nos luttes pour la vie, la justice, de nos quêtes de sens, de liberté féconde, de bonheur, toutes le fruit de longues conquêtes. Toujours résolument, pas à pas. C'est du dedans de cette finitude que la transcendance humaine peut faire sens même là où il n'y en a pas ou plus. N'est-ce pas cela qui fait de nous des espérants têtus?

Collection
LES GRANDES CONFÉRENCES

Créée par le Musée de la civilisation à Québec, la collection « Les grandes conférences » regroupe des textes de conférences prononcées au Musée même, à son initiative, mais également en d'autres lieux, marqués ici par un astérisque.

ROLAND ARPIN

La fonction politique des musées
Une école centrée sur l'essentiel★

PHILIPPE BARBAUD

La chimère d'Akkad
et l'économie mondiale
des langues★

CATHERINE BARRY

Des femmes parmi les apôtres
2000 ans d'histoire occultée

Mgr BERTRAND BLANCHET

Quelques perspectives
pour le Québec de l'an 2000

CHANTAL BOUCHARD

On n'emprunte qu'aux riches★
La valeur sociolinguistique
et symbolique des emprunts

JACQUES-OLIVIER BOUDON

Napoléon à Sainte-Hélène★
De l'exil à la légende

ANDRÉ BURELLE

*Le droit à la différence
à l'heure de la globalisation*★
  Le cas du Québec et du Canada

JEAN DANIEL

*Affirmation nationale
et village planétaire*

PIERRE DANSEREAU

L'envers et l'endroit
  Le besoin, le désir et la capacité

LOUIS JACQUES FILION

*Tintin, Minville, l'entrepreneur
et la potion magique*★

HERVÉ FISCHER

Le romantisme numérique

JACQUES T. GODBOUT

Le langage du don

JACQUES
GRAND'MAISON

*Pourquoi sombrons-nous
si souvent dans la démesure ?*★

GISÈLE HALIMI

*Droits des hommes
et droits des femmes*
  Une autre démocratie

NANCY HUSTON

*Pour un patriotisme
de l'ambiguïté*★
  Notes autour d'un voyage
  aux sources

ALBERT JACQUARD

*Construire une civilisation
terrienne*

CLAUDE JULIEN

*Culture : de la fascination
au mépris*

BARTHA MARIA
KNOPPERS

*Le génome humain : patrimoine
commun de l'Humanité ?*

HENRI LABORIT

*Les bases biologiques des
comportements sociaux*

Achevé d'imprimer chez
MARC VEILLEUX IMPRIMEUR INC.,
à Boucherville,
en mai deux mille deux